A
pro
pos

AF160747

MEHR ALS EIN GEDICHT
ZU BERÜHMTEN, BEKANNTEN
GEDICHTEN MIT NEUEN, MITUNTER
PIKANTEN

VON

HORST RADKE

Impressum:
Autor: Horst Radke
www.apropos-poesie.de
Titel: Apropos · Mehr als ein Gedicht zu berühmten, bekannten Gedichten mit neuen, mitunter pikanten

© **2014 Horst Radke** · Alle Texte sind urheberrechtlich geschützt. Alle Rechte vorbehalten. Die Verwendung der Texte und Abbildungen, auch auszugsweise, ist ohne schriftliche Zustimmung des Autors rechtswidrig und daher strafbar. Das gilt insbesondere für die Vervielfältigung, Übersetzung und die Verwendung in allen Medien, gleich in welcher Form.

Lektorat: Susanne Radke, Miriam-Celine Radke, Benjamin Radke

Herstellung und Verlag: BoD – Books on Demand, Norderstedt

ISBN 978-3-7357-9057-6

Bibliografische Information der Deutschen Nationalbibliothek: Die Deutsche Nationalbibliothek verzeichnet diese Publikation in der Deutschen Nationalbibliografie; detaillierte bibliografische Daten sind im Internet über www.dnb.de abrufbar.

Inhaltsverzeichnis

„Zum Sinn"...7
„Zu Beginn ... vom Ende"............................8
„Das Mädchen Gretchen".............................10
„Adam & Eva"...12
„Der kleine Unterschied".............................13
„Der Fischer"..17
„Der Zauberlehrling"....................................19
„Gute Nacht, Ihr Lieben!"............................22
„Die neue Bürgschaft".................................23
„Jungen und kessen 29
„Von Dirnen, Knaben & Birnen"..................31
„Von Möven"..35
„Grymmig"...36
„Zecherbecher"...39
„Das schlimmste Gedicht"...........................41
„Und zur rechten ...".................................47
„Die Brück' am Tay"...................................50
„John Maynard"..52
„Tandaradei"..54
„Erfolgsrezepte"...57
„Heinrich & Luise"......................................58
„Vive la France"...60
„Liebe ..."..61
„Glück gehabt!"..62
„D-English"..63

„Reine Logik"...64
„Fuzzy Logic"..65
„Strings"...66
„Sprachtalent!"..69
„Per Vers"..72
„Hömma!"...73
„Zum Autor"...74
„Zum Wohl!"..76
„Schall und Rauch".......................................79
„Bis dereinst ..."...80
„Dichter-Daten"...81

Für

Menschen

mit Esprit –

und Sinn für Poesie!

„Zum Sinn"

Als Autor nennt man zu Beginn
am besten gleich des Buches Sinn,
damit, wer 's liest, vorab schon weiß:
Was will das Buch – und lohnt der Preis –
um dann die Fragen zu entscheiden:
Erwerben? Schenken lassen? Meiden?

Was darf man also, sollt' man starten
zu lesen, an Substanz erwarten?
Am stärksten zielt das Buch wohl hin
auf möglichst großen „Lustgewinn":
Es soll vor allem Freude machen,
beim Lesen soll man schmunzeln, lachen.

Denn Lachen gilt ja als gesund,
und hierfür ist wohl auch ein Grund,
dass leichter Sorgen man vergisst,
wenn amüsiert man heiter ist.
Ein Stück noch mach' der Anspruch froh
in puncto Themen und Niveau.

Und wie 's der Titel fest verspricht:
Was folgt, ist mehr als ein Gedicht –
ein jedes (fast) gereimt – per Vers,
pikant zum Teil, doch nicht pervers.
Und ist „auf Reim man kaum erpicht" –
vielleicht wird 's dennoch: „Ein Gedicht!"

„Zu Beginn ... vom Ende"

(frei nach Johann Wolfgang v. Goethe, Erlkönig)

Vermutlich ist der Fall bekannt:
Ein Vater ritt bei Nacht durch 's Land,
entlang am Fluss – bizarr als Saum
stand Erlen- dort an Erlenbaum.
Im Arm, da hielt er seinen Sohn,
vom Alter her elf Jahre schon,
dem ging es eben nicht so gut,
der Leib war schwach und klein sein Mut.

Da nahte – Nebeln gleich – ein „Kerl",
der gab sich aus als „König Erl".
Er litt an Führungsnachwuchs Not
und plante nun ein Angebot,
um diesen Knaben anzulocken,
ihn notfalls aber auch zu „schocken".
So sprach er eingangs Dinge an,
wovon ein Kind nur träumen kann ...

... von Spielen, Blumen gar am Strand –
am Sandstrand Blumen? – Allerhand!
Die Mutter sein, die Königin,
die sei die reichste Herrscherin.
Dann sprach er von den Töchtern schön:
Sie würden an ihn lächelnd seh'n,
ihn wiegen, tanzen wie auch – nein,
da sei er jetzt wohl noch zu klein.

Doch würden sie auf ihn im Garten
zur rechten Zeit mit Früchten warten
und zu sich ihm mit Freuden neigen
und gern ihm mehr Details dann zeigen. –
Der Knabe rief, der Panik nah:
„Der Erl, der Kerl, was spricht der da? –
Das klingt ja, dass mir 's furchtbar graut,
von vorn bis hinten ganz verdorben!"

„Dann höre bloß nicht hin, mein Kind",
sprach da der Vater – nur der Wind,
der eben durch den Nebel brause,
sei schuld – und selbst man gleich zuhause!
Wie falsch! Denn Erl, der dachte bloß:
„Jetzt tret' ich die Lawine los
und drohe mal dem kleinen Mann
verschärft ein wenig Prügel an."

Der Knabe rief: „Mein Vater, halt,
der Erl, der droht mir mit Gewalt!"
Nun wurde auch dem Vater bang:
„Der Junge ist ja wirklich krank!"
Er gab dem Pferd vermehrt die Sporen.
Dem glühten aber längst die Ohren.
So rief es: „Schluss – ich halt 's nicht aus!
Ihr Drei*, Ihr geht zu Fuß nach Haus!" –

Und angesicht der jähen Wende
war hier nun „Ende im Gelände".

* Wahn ist bekanntlich ansteckend

„Das Mädchen Gretchen"

(frei nach Johann Wolfgang v. Goethe,
Faust. Eine Tragödie)

„Schönstes Fräulein, darf ich 's wagen,
Euch Begleitung anzutragen?"
bot ein nicht mehr junger Mann
ungefragt sich Grete an.

„Nein", so sprach sie, „bin nicht schön,
zieh' 's auch vor, allein zu geh'n,
und auf jung geschminkt ein Mann –
so wie Ihr – mich gern mal kann."

„Ganz schön kess, die kleine Kröte!"
Doch der Mann, sein Name Goethe,
wollte ja den Faust noch schreiben,
also galt es, dran zu bleiben.

Folgsam lief er nebenher,
gab ein Stück den „Kuschelbär".
Schließlich fand sie doch ihn nett
und sich bald mit ihm im Bett.

„Zu der armen Seele Ruh'"
gab schon Goethe damals zu,
dass der Teufel hier zum Spiel
„höllisch" beitrug – also viel.

Bald kam Gretes Frage schon –
jene nach der Religion.
Nun, da gab der Mann sich frei,
war ihm die doch einerlei. –

Wie 's die Folgen oftmals sind,
stellte bald sich ein ein Kind.
Grete kam dem Tode nah,
vieles, was dann noch geschah. –

Gretchen kennt man heutzutage
gut noch dank der „Gretchenfrage".
Goethe schrieb „Faust eins und zwei".
So, bis hier zunächst – sehr frei.

---

*Mancher säh' 's als große Bürde,
wenn er 's lesen müsst' und würde.
Doch ist meist nur ungewohnt es.
Und im Grunde – letztlich
lohnt es! – Doch zunächst einmal:
„Gemach – immer hübsch der
Reihe nach!" – Schön! Und wo
ging 's einstmals „los"? – Nun,
im Paradies wohl – bloß!*

„Adam & Eva"

(Au contraire de Genèse*)

Gleich zur Sache: „Auf die Schippe"
nimmt man uns doch mit der „Rippe",
welche Gott dem Adam nahm,
dass aus ihr die Eva kam.
Welche Rippe, welchen Knochen? –
„Irgendeine(n)?" – Abgebrochen?
Irgendwo – auf „π mal Glück"? **
Kaum! Was dann? Das beste Stück?

Dann jedoch wär' unverhohlen
Adam arg beraubt, bestohlen,
„nur", dass Eva man kreierte,
die den Partner gleich verführte,
dass man beide drauf verstieß –
aus dem Ursprungsparadies?
Und wir erbten das als Sünde? –
Also – wie ich das wohl finde?!

Keine(r) war ja einst dabei –
doch – mal unter uns – ganz frei:
Alles das ist ausgedacht –
beide war'n zugleich gemacht,
Adam, Eva, Frau und Mann –
was man nur begrüßen kann,
denn so hat der Mann zum Glück
heute noch sein bestes Stück!

* entgegen der Schöpfungsgeschichte
** die Kreiszahl „Pi"

„Der kleine Unterschied"

Frau und Mann sind unterschiedlich.
Von den Maßen nett, mal niedlich,
trennt ein Stück der Körperbau
leicht erkennbar Mann und Frau.
Schaut man hinter ihre Stirn,
gilt das Gleiche für 's Gehirn.

Männer denken strukturierter –
wähnt man(n) – Frauen komplizierter,
mehr an 's Ganze und komplex,
„leider" nicht so oft an Sex.
„Mann" muss deshalb früh beginnen,
will er „ihre" Gunst gewinnen.

Muss sie smart*, galant verwöhnen,
zärtlich sein, in sanften Tönen
werbend ihre Reize preisen,
ein sie laden, fein zu speisen,
darf, sie zu erheitern, scherzen,
sollte hegen sie und herzen …

… wie ihr zu verstehen geben,
dass er sie begehrt für 's Leben. –
Solches wär' auch klug und schlau,
denn sie merkt es sonst, die Frau
meist – und dann Erinyen** gleich sie
„revanchiert" sich: „Glaubst d' es?! Schleich di!"

* engl.: geschickt, elegant, gerissen, gewandt, gewieft, klug
** die drei Rachegöttinnen der griechischen Mythologie

„Mann" jedoch – fast jederzeit
steht er zum Kontakt bereit.
Will sich frau mit ihm vereinen,
braucht sie bloß ihm nur erscheinen.
Männer reagieren schnell,
denn sie „denken" visuell.

Manches noch an Unterschied
gibt es, wenn man weiter sieht.
Mögen Männer oft auch lügen –
beinah, dass sich Balken biegen –
findet frau es schnell heraus,
trat der Mann nur ein ins Haus.

Denn für sie ist sein Gesicht
eines, das in Bänden spricht.
Mancher schwindelt deshalb schon
möglichst nur am Telefon. –
Möchte frau „sein Lügen toppen",
nimmt den Mann sie mit zum „Shoppen".

Schaut erst hier, betrachtet 's nah,
prüft es lang im Spiegel: „Ja!! ... !?! ... ???"
Hängt 's zurück und sieht sich um,
fragt: „Du willst schon geh'n? Warum?" –
Denn das nächste Modehaus
ließe sie nur ungern aus.

Drei Boutiquen: „Schön – dann zwei!" –
lägen auf dem Weg dabei.
Und zuvor noch bräucht' sie Ruhe
für den Einkauf neuer Schuhe.
„Mann", denkt mann* dann, „Mann, oh Mann",
weil er 's „echt nicht fassen kann!"

Bräuchte mann* mal Kleidungsteile
neu – dann nichts wie hin! – In Eile
anprobiert: „Sieht prima aus!"
„Zack!" – bezahlt, und: „Nix wie 'raus!"
Denn der Mann, im Grunde Jäger,
taugt nicht recht zum Tütenträger.

Frauen parken schlechter ein?
Weit gefehlt – und: „Echt gemein!"
Kartenlesen? Gut, vielleicht
hätte mann* das Ziel erreicht,
während „Frau" die Karte dreht
und ein Stück vor Rätseln steht.

Wüsste mann* die Route nicht,
säh' er 's dennoch an als Pflicht,
unbeirrt die Fahrt zu wagen,
ohne nach dem Weg zu fragen –
schließlich ist er kompetent,
gleich, wie oft er sich „verrennt".

* als Konterpart zu „frau"

Männer halten sich für tüchtig,
nehmen gerne sich zu wichtig,
neigen manchmal zur Gewalt –
das „goutiert" der Staatsanwalt.
Mancher nimmt den Mund zu voll,
fänd' es aber wenig toll ...

... wenn die Frau von sich erzählte
und sich frei den Zeitpunkt wählte,
anders als vom Mann gedacht –
gern mal weit nach Mitternacht –
und erst wieder schlafen wollte,
wenn sie nicht dem Mann mehr grollte. –

So, wenn richtig an ich seh' 's,
waren dieses die Klischees,
die man etwa so genau
feil hält über Mann und Frau. –
Und so endet hier das „Lied".
„Auf den kleinen Unterschied!"*

* frei nach Allan u. Barbara Peace, Warum Männer nicht zuhören und Frauen schlecht einparken: Ganz natürliche Erklärungen für eigentlich unerklärliche Schwächen

Gott erschuf von Anfang an
Mann und Frau
als Frau und Mann!

„Der Fischer"

(frei nach J. W. v. Goethe, Der Fischer)

Ein Fischer saß am See – am Rand,
die Angel hielt er in der Hand.
Doch plötzlich zog heran ein Sturm,
und fort vom Haken wich der Wurm.
Und weil ein jeder Fisch es sah,
kam keiner mehr der Angel nah.

Der Fischer aber saß wie dumm
und stundenlang und stumm herum,
wobei er auf das Wasser blickte.
Alsbald in seinem Kopf es „klickte".
Die Wellen nunmehr ungenau
erkennend sah er eine Frau,
die kess in seine Richtung schwebte,
worauf vor Freude er erbebte.

Ganz kurz nur eben unterbrochen:
Die Dame hat sogar gesprochen,
zum Fischer, der sie wirklich sah,
doch wirklich war sie gar nicht da.
Es waren einfach nur die Wellen,
die glitzernd an die Ufer schwellen.
Und wenn zu lange hin man blickt,
kann 's sein, dass man „daneben tickt".

Genauso war es nun passiert:
Der Fischer – gleichsam „vorgeführt",
der glaubte, heute auf den Tisch,
da käme sowieso kein Fisch,
denn keiner hätte angebissen,
und quasi sei er „angeschmiert".

Und folglich, da die Dame sprach:
„Mein Lieber, folge mir doch nach
und gib' Dich meinen Reizen hin",
da tat er 's – letztlich ohne Sinn –
war unecht doch das Angebot.*
Doch sank er hin, ertrank, war tot.

Ist jemand auf Moral erpicht?
„Zu dumm – die gibt es leider nicht!"
Womöglich soll man 's Angeln lassen,
besonders, wenn 's die Nixen hassen?!?
Na schön, dann doch, als Kurzdevise:
„Wenn möglich, meide Frau'n wie diese!"

* genau genommen hätte es den Fischer stutzig
machen müssen, dass der Unterleib der Dame eher dem
Schwanz eines Fisches ähnelte. Möglicherweise
konnte er das jedoch nicht erkennen, weil er
im Trüben fischte. – „Wir wissen es nicht!" – wie schon
Gertrud Höhler sagte (bei der Präsentation Ihres Buches
über Angela Merkel: „Die Patin")

„Der Zauberlehrling"

(frei nach J. W. v. Goethe, Der Zauberlehrling)

Jeder fängt ja klein mal an.
Bis man richtig zaubern kann,
braucht es schon geraume Zeit.
Einer wähnte sich so weit,
dass, obgleich er 's kaum „kapierte",
leichten Sinns er 's ausprobierte.

War der Meister aus dem Haus,
dachte sich der Lehrbub aus,
dass zur Reinigung vom Schmutze
dieses Jahr ein Bad er nutze.
Nun bedurft' es mittels Kanne
reichlich Wassers in der Wanne …

… fehlte doch zur Zubereitung
damals noch die Wasserleitung.
Folglich musste – wie die Kohlen –
man das Nass ins Zimmer holen,
wünschte man die Wanne voll! –
Arbeit folglich. – „Nicht so toll!"

Doch der Lehrling: „Ei perdaus!"
sprach er, „macht doch mir nichts aus!
Steht nicht just der Besen dumm
ungenutzt im Raum herum?"
Denn vom Meister wusste er:
Jener schleppt 's – per Zauber – her.

Was genau? Die Wassermassen,
die 's ins Bad galt einzulassen.
Nötig war nur, dass man spricht
brav von Goethe ein Gedicht:
„Walle, walle" – und so weiter –
wer es kann, der ist gescheiter.*

Kaum gesagt: „Wie wunderbar!" –
schleppt der Besen, frisch und klar,
Wasser her im großen Kübel.
„Tolle Sache, gar nicht übel!" –
wähnt der Jüngling eben noch.
Wanne voll: „Es reicht schon? – Doch!"

Denkt er – spricht: „Hör' auf zu gehen,
Besen, Besen, bleibe stehen!"
Tat es der? Ganz ehrlich, Leute,
glaubt ihr noch an Märchen heute?!
Nein, hinauf, hinab die Treppen
sieht man jenen weiter schleppen!

Wie man leicht sich 's denken kann,
stieg des Knaben Panik an.
Ob er flehte, wie er schrie,
munter fort die Quelle spie.
Längst schon war die Wanne voll,
mehrfach, dass sie überquoll.

* als der Autor

„Schnell ein Beil, das Teil zertrümmert!"
denkt der Bub. Jedoch verschlimmert
war sogleich die Lage nun.
Nicht nur nicht beim Schleppen ruh'n
wollt' der Stiel – nun waren 's zwei –
plus noch drei mal drei dabei.

„Nein!" – Der Lehrling, fassungslos,
rief: „Oh Herr, die Not ist groß,
denn die angestellten Geister
kleben ja am Job wie Kleister!" –
Während an die Krise hielt,
draußen Ball der Meister* spielt'.

Abseits, schattig, unter Pappeln,
dachte der: „Den lass' ich zappeln!"
Schließlich aber kam er: „Steht!"
sprach er, wissend wie es geht. –
Scheint 's sehr frei auch, dies Zitat –
war doch stramm der Elferrat.**

„Siehst Du", sprach der Meister nun,
„wer 's nicht kann, der soll 's nicht tun!
Schließlich hören große Geister
nur auf wirklich große Meister!" – ***
Wer das war – aus Goethes Sicht?
Nun, der Lehrling sicher nicht!

* hier einmal nicht der FC Bayern München ** wie
in der Karnevalszeit nicht unüblich   ***Wow!

„Gute Nacht, Ihr Lieben!"
(frei nach J. W. v. Goethe, Wandrers Nachtlied)

Anfangs wirkt es eher schlicht,
Goethes „Gute-Nacht-Gedicht",
sinkt doch auch ein anderer
gleich ins Bett – ein Wanderer.

Der begibt sich spät zur Ruhe,
zog zunächst wohl aus die Schuhe,
trank – wer wollte dehydrieren –
ein, zwei Maß an kühlen Bieren.

Tat dabei noch zünftig tafeln –
und gerät nun „leicht ins Schwafeln":
Dass der Tag alsbald vorbei –
wie dereinst das Leben – sei.

Selbst die kleinen Vögelein
schliefen abends müde ein.
In den Wipfeln herrsche Ruh',
gab er zu Beginn schon zu.

Gleiches gelte für die Berge,
Hans im Glück, die sieben Zwerge.
Auch Schneeweißchen, Rosenrot
seien schon seit Jahren tot. –

Pure Poesie – nicht schlecht,
und der Mann, er hat ja Recht!
Drum ein fester Druck der Hände –
Gruß ans Wölfchen hier am Ende ...

... wie ich wünsche, vom Gedicht –
dem vom Leben, hoff' ich, nicht! –
Hauch' im Nu das Buch noch zu.
„Bitte tu' das nu(r) nicht Du!"

„Die neue Bürgschaft"
(frei nach Friedrich Schiller, Die Bürgschaft)

Es herrschte einst ein mieser Mann,
im Lande galt er als Tyrann,
als trickreich, übel, „richtig fies" –
in Kurzform hieß er: „Dionys".
Zu dem schlich heimlich im Gewand
den Dolch der Damon – wie bekannt.

Der wollte eingangs Freundschaft heucheln,
doch hin alsdann den König meucheln.
Nur wie 's so geht mit Übeltaten,
er wurde? / hat sich selbst? – verraten.
Egal! Die Häscher packten ihn,
und nahe schon sein Ende schien.

Da fiel ihm ein sein bester Freund,
der kaum ihm einen Wunsch verneint.
Er sprach: „Ich sag' mal, wie es ist:
Ich bräuchte eine Aufschubfrist,
denn schwanger ist mein Töchterlein
und schleunigst soll die Hochzeit sein.

Doch falls ich nicht am Orte bin,
so schmeißt ihr Freund die Brocken hin.
Was dann passierte, weiß ich nicht,
ganz sicher nur wär' s kein Gedicht!"
Das sah sogar der König ein.
„Was könnte da der Ausweg sein?"

„Nun ja", sprach Damon: „lass' mich geh'n,
für mich wird ein ein Andrer steh'n,
und sollt' mir nicht die Rückkehr glücken,
so magst Du einfach den erdrücken." –
Dem König schien der Handel fair,
er fragte nur: „Wie heißt denn der?"

Das wusste Damon ganz genau,
war doch der Freund der Mann der Frau,
mit der er selbst zum Tanzen ging,
wenn jener nächtens Fische fing.
Und fühlte sich die Frau allein,
so sprang er als Ersatzmann ein.* –

* als Freund des Hauses gewissermaßen

Den Namen nannte er dann auch –
jedoch: „Im Grunde Schall und Rauch
sind eh' die meisten aller Namen"* –
sprach Dionys – sogar von Damen.**
„Na gut, dann schick' den Mann mal her,
mach' hin, das Ganze nervt schon sehr!"

„Ein Hinweis nur: Kehrst Du zurück,
hat er, erlebt er 's, wirklich Glück.
Falls nicht, dann ist es auch egal,
so hängt halt er am Strick in schmal,
doch Dir, Du wirst die Chance erfassen,
wär' ganz des Urteils Last erlassen."

Und lacht noch kurz und dreht sich um,
und denkt: „Der Bursche wär' ja dumm,
wenn er der Strafe, die ihm droht,
nicht auswich', ist doch die der Tod!" –
Und Damon kommt zum Freund nach Haus –
der wollte grad zum Angeln 'raus.

Doch sagt' er wieder ungern: „Nein!" –
so traf er bald im Kerker ein.
Der Damon diesmal kaum verweilte
und rasch zu Tochters Hochzeit eilte
und alle dort zur Eile trieb
und selbst nur bis zum Mittag blieb.

* frei nach J. W. v. Goethe, Faust. Eine Tragödie
(s. auch u. S. 79)   ** wie gesagt, ein ganz mieser Typ

„Zurück!" – Da fing es an zu regnen.
Das Schicksal sollte ihm begegnen:
Sein Haar, es wurde klitschenass –
er dachte nur: „Wie hass' ich das!"
Und gleichfalls stiegen an die Fluten. –
„Die Brücke? – Weg!" – Das hieß: „Sich sputen!"

Gelangt zum andern Ufer schwer.
Da kommt ein Mann. „Was will denn der?"
Kurz hingeschaut und kaum zu glauben:
„Der Kerl, der will mich echt berauben?!"
Ein kurzer Hieb mit hartem Stein,
so ließ den Raub der Räuber sein.

Und auch der Rest der Raubkumpanen
entschwand in Richtung Regenplanen. –
Es kam die Wüste. Durch an Tagen
die Füße mussten brennend tragen.
Am Hofe traf er schließlich ein.
Der König trank wie immer Wein ...

... und traute seinen Augen kaum
und dachte nur: „Ein schräger Traum!" –
Doch nein! – Er war zu recht betroffen
und hatte nicht zu viel getrunken.
Goss ein – inzwischen war es „Ouzo" * –
und raunzte: „Mann, was treibst denn Du so?

* wie auch Usus

Da kommst Du wirklich her zum Hof,
mal ehrlich, bist Du echt so doof?
Dein Freund ist längst schon weggeritten –
wir hatten bloß noch 'rumgestritten.
Er wollte nämlich ständig 'raus
und heim zu Frau und Kind nach Haus.

Im Grunde sah er 's auch nicht ein:
„Wieso sollt' er der Dumme sein?"
Und da er eh' am Ende schien,
da ließ ich ihn am Ende zieh'n.
Doch Du, Du hast ja Wort gehalten –
da soll des Amts der Henker walten ...

... und Dich in Kürze auf der Stelle
erhängen an des Tages Schwelle." –
Da dachte Damon: „Ei perdaus,
bei Schiller ging 's doch anders aus.
Da sollte doch des Königs Rühren
als Freund mir diesen zu noch führen.

Er wäre dann dank Herzensbitte
im „Bund der Treuen" schon der Dritte.
Doch nun bedroht mich Ungemach.
Da schau' ich mal im Buche nach,
wo eins – Moment, da ist es, seht! –
im Büchersaal vom Kerker steht."

Doch was er fand, war die Version,
die ihm bekannte: „Kenn' ich schon!"
Nur gab 's, und das war Grund der Pleite,
inzwischen eine neue, zweite.
Denn Schiller dachte einst bei Goethe:
„Wenn ich, mein lieber Freund, Dich töte …

… dann bin, was Du ansonsten wirst,
ja ich der größte Dichterfürst." –
So schrieb er bald und gar nicht dumm,
als Testmodul „Die Bürgschaft" um.
Und wurde so – ein echter Knüller –
zum Killer Damons – Friedrich Schiller!

Führt man heut' Zitate an,
gern man drauf vertrauen kann,
dass, egal um was es geht,
unten drunter Schiller steht.
Käm' mit Schiller man in Nöte,
hieße halt der Autor Goethe.
Hie und da auch Thomas Mann
notfalls noch erscheinen kann.
Heine, Kästner, Busch, Fontane
gelten auch ein Stück als „Sahne".
Steht jedoch kein Name hier – nun,
dann ist der Reim – von mir!

„Jungen und kessen …

(frei nach Heinz Erhard, Die Made)

Mutter Made mit dem Kinde
schmiegt sich an des Baumes Rinde,
wo sie nah des Stammes Haut
nach dem jungen Mädchen* schaut.
Dieses war bereits geboren,
als den Gatten sie verloren,
der ein feuchtes Blatt beschritt,
aus dabei – und abwärts glitt.
Leider blieb nach Sturzes Schluss
nur das Fazit: „Exitus".**

Nun, der Witwe Made Trauer
war von ausgeprägter Dauer –
manch ein Gramm, das ab sie nahm –
gram. – Jedoch der Hunger kam.
„Kindchen", sprach sie, „bleib' zuhaus',
kehr' mal lieb die Stube aus,
während ich was Grünes suche
und für Dich den Spinnkurs buche."
Sprach 's und glitt am Baum entlang.
Made Kind jedoch, nicht bang …

* hier: Deminuitiv (Verkleinerungsform) von „Made"
** lat. (medizinisch): Tod

... Mädchen zur Mahnung"

… folgte ihr nach kurzer Zeit.
Nur ein Vöglein (tut mir Leid!) –
sah sie, pickte – und beim Schmaus
machte es „den Gar" ihr aus.
Mutter Made kam alsbald
schwer bepackt zurück vom Wald,
fand jedoch ihr Kind nicht vor,
das sein Leben ja verlor,
wie wir 's wissen – dank Gedichts –
nur die Made liest ja nichts!

Und so sucht sie nach dem Kinde
hinter ihres Baumes Rinde,
sei der Aufwand auch erheblich,
letzten Endes doch vergeblich.
Und es hülfe ihr beim Suchen
lautes Rufen nicht und Fluchen.
Denn das ist ja grad die Not:
Wenn man tot ist, ist man tot. –
Drum als Fazit vom Gedicht –
wär' ein Mädchen drauf erpicht:
„Wenn die Mutter mahnend spricht,
folge ihr – und folg' ihr nicht!"

„Von Dirnen, Knaben & Birnen"

(frei nach Theodor Fontane, Herr von Ribbeck auf Ribbeck im Havelland)

Wer gern an schlimme Sachen denkt,
gedanklich bitte um mal schwenkt!
Denn Dirne war normal für Mädchen
der Name einst in jedem Städtchen.
Und gleichfalls auf dem flachen Land
die Mädchen waren so genannt.

Und auch beim „Knaben" – nun nicht neu –
auch da war Schlimmes nicht dabei.
Bekanntlich kommt der „Knabenchor"
in Dom und Schule heut' noch vor.
Und selbst die frommsten Priester haben
mitunter Sinn für schöne Knaben.

Nun gut, das war nicht grad ein Rhema*
und ist zudem ein übles Thema. –
Die Birne aber heißt noch „Birne",
als Teil von dieser gilt die Stirne,
und Manche(r) nennt – an Taille, Po
konvex** geformt – den Körper so.

* Begriff aus der Linguistik: eine neue Information – im Gegensatz zum „Thema" als einer bereits bekannten
** nach außen gewölbt: „Der Bauch vom Direx – ist konvex."

Soweit, so gut – vorab auch bloß,
denn jetzt erst geht es richtig los –
und zwar in Richtung Havelland,
wo einst Herr Ribbeck sich befand.
Der mochte, üblen Sinnens fern,
als Mensch die Kinder einfach gern.

Da stand – es schien ein wahrer Traum –
auf seinem Grund ein Birnenbaum.
Und zog im Jahr der Herbst ins Land,
der Baum in Pracht voll Birnen stand.
Und kam ein Knabe nun vorbei,
so fragte Ribbeck diesen frei:

„Ihr Kinder mögt doch Birnen gern –
na Junge, willste auch 'ne Bern'?"
Und ähnlich sprach er auch zu Dirnen
(den Mädchen) – und spendierte Birnen,
und ward in Folge bald bekannt
als „Birnengraf vom Havelland".

Doch weil nur wenig stets besteht –
das Leben einst zu Ende geht –
war just im Herbst so gegen drei
auch das von Ribbecks fast vorbei,
was dieser spürte und bedachte,
dass niemand dieses Kummer machte.

Er wusste ja seit langem schon:
Zu geizig war sein eigner Sohn,
und dieser ginge nie mit Birnen
auf Kinder: Knaben, zu – und Dirnen.
Und deshalb – ganz im Sinne heiter –
verfolgte er das Thema weiter …

… und rief herbei den Sohnemann,
wie kurz vor 'm Tod man 's, ging' es, kann,
und bat ihn: „Nimm die Birne ab
vom Baum und leg' sie mir ins Grab!
Den Sinn verstehst grad Du zwar nicht,*
doch geht es um ein Obstgedicht."

Denn Ribbeck wusste: „Erste Sahne",
das war'n Gedichte von Fontane.
Und der „bekäme sicher Wind",
wenn einst ein Knabe, Mädchen – Kind
erkenne, dass – es war sein Traum –
am Grabe stünd' ein Birnenbaum …

… von dem im Herbst die Birnen lockten,
die Ribbecks Erben wenig schockten,
da dieser Baum auf deren Land
und Grund und Boden ja nicht stand. –
Fontane galt als großer Dichter
und gilt auch heute nicht als „schlichter" …

* getreu der Devise: „Immer auf die Zwölf!"

… der machte aus dem „Blätterrauschen"
vermutlich, um 's noch aufzubauschen,
die Stimme jenes netten Herrn
von Ribbeck aus dem Himmel fern,
der rief, wenn an die Kinder „trabten",
dass satt sich die an Birnen labten …

… sofern die Früchte reif und „mundig"
und jene noch des Plattdeutsch' kundig. –
Wer 's glaubt, verschweig' es dem Verstand
und schwärme gern vom Havelland,
von Bäumen, fruchtig reifen Birnen –
konvex geformt – wie reife(n) Dirnen.

> *„Werter Herr,*
> *der Kommentar eben*
> *ganz unmöglich war. Derart darf*
> *man um nicht springen just mit*
> *solchen ernsten Dingen – klang*
> *doch an ein Stück weit schon*
> *als Humor getarnter Hohn.*
> *Dazu sag' ich eins nur:*
> *Nein!" – „Stimmt!*
> *Was fiel mir da nur ein?!"*

„Von Möven"

(frei nach Theodor Storm, Meeresstrand)

Leider nun ein Abendlied,
das uns tief nach unten zieht,
ist sein Held doch nicht der Löwe –
nein – es geht um Haff und Möwe.

Kaum noch gibt es Sonnenschein,
bald schon bricht die Nacht herein,
und – was „Abendschein"* auch sei –
ist es damit gleich vorbei.

Nun, Gedanken sind ja stets
frei, und just beim Dichten „geht 's".
Folglich geht es um Geflügel,
Inseln, Meer. – Der Dünen Hügel ...

... nicht! – Der Schlamm beginnt zu schwabbeln,
keiner will ansonst mehr „babbeln".
Nur vom Vogel noch ein Ton,
alles andre „schweiget schon".*

Nur nicht ganz gewisse Stimmen,
die ver(w)irrt im Schlamm verschwimmen.
Stammen sie vom Winde? – Nein!
Nein? „Wo mag die Quelle sein?" **

* nach dem Original zitiert   ** eine Frage, die man sich auch
in Nürnberg und Fürth stellt

„*Grymmig*"
(frei nach Theodor Fontane, Gorm Grymme)

Achtzig Zeilen, Mann oh Mann,
dass er* so viel schreiben kann –
und sogar noch derart schlimme
Dinge über „Gorm, den Grymme".

Dieser war wohl ein Despot,
blutig schien sein Umhang rot,
doch er schaut die Königin
freundlich eben an und hin …

… auf der Freude jungen Grund:
Söhnchen Harald. Kerngesund
hat der Knabe schon, der gute,
gar die besten Attribute.

Alles klar, und frisch und munter
saust im Saal er rauf und runter.
Freudig ist der Anlass halt:
Fünfzehn Jahre wird er alt.

„Na, dann erst mal einen Toast:
Alles Gute, Junge! Prost!" –
Und der Vater voller Dank
leer den großen Becher trank. –

* Theodor Fontane (s. u. S. 81, „Dichter-Daten")

Lag 's am Trunk – man weiß es nicht –
dass sogleich der König spricht:
Sagte jemand: „H." sei tot,
säh' er ohne Rücksicht rot ...

… und wer solches mit ihm teile,
lebte nur noch kurze Weile
und verspiele seine Rente,
die er dann entbehren könnte.

Doch alsbald, da gab es Krieg,
der verlief nun ohne Sieg,
und der Harald, man sich 's denkt,
hin dabei sein Leben schenkt.

Traurig kommt die Crew* zurück –
stark verringert, wenig Glück
hatten viele Kampfesleute –
und natürlich fehlt die Beute.

Dieses sieht die Königin.
Ahnungsvoll zum Strande hin
eilt sie, niemand spricht ein Wort,
doch sie weiß es eh' sofort.

* engl.: Mannschaft

„Harald ist nicht mehr am Leben –
sagt halt sie 's dem König eben."
Nicht mit Worten, doch mit Farben,
die die Laune dem verdarben.

Schwarz verhängt war jedes Bild,
was als schlechtes Omen gilt.
Schon auch sah 's der König ein:
„Harald starb. Oh welche Pein!"

(„Traurig", denkt grad Manche(r), nicht?
Nun, ein „Depressionsgedicht",
das Fontane sich bei Nacht
mangels Schlafs wohl ausgedacht.)

Alles fiel Gorm Grymme schwer.
Müde schleppt' er sich ans Meer,
fort vom dunklen Königshaus.
Und die „Lichter loschen aus".

„Kinder, seid mal kurz noch still!
Was der Dichter sagen will –
als Metapher, bildhaft, knapp:
Grymme ging für immer ab."*

* von der Bühne (des Lebens), trotz all seiner Macht vom Schicksal besiegt

„Zecherbecher"

(frei nach J. W. v. Goethe, Der König in Thule)

Der König einst in Thule –
so lernt man 's in der Schule (!!) –
erhielt als „großer Zecher"
vom Weibe einen Becher.

Zum Unglück war die Zeit noch knapp –
die Frau, sie lebte eben ab –
und es behielt vom Liebesglück
der König nur den Krug zurück.

Da blieb er sich und Gattin treu.
Er füllte stets den Becher neu,
natürlich nicht mit Wasser,
ein Tipp zwar, doch ein „krasser".

Oh nein, es kam ins Becherlein
bei Tag und Nacht nur Wein hinein,
und stets der allerbeste –
und häufig gab es Feste.

Und ohne lang „herumzueiern"
war voll er* auch, gab 's nichts zu feiern.
Es war, für uns ja nicht mehr neu,
der König Wein wie Weibe treu.

* Becher wie König: der Becher alternierend,
der König linear kumulierend

Auf „ewig langes" Leben hoffen,
darf kaum man, hat man stets getrunken.
So ging es bald „in Richtung Sterben" –
und zahlreich harrten schon die Erben.

An diese teilt er zügig aus,
das Land, die Stadt, das Königshaus –
und alles, was er sonst besaß.
Wer erbte, hatte „großen Spaß".

Doch eines kriegte keiner, nein,
das war der Liebsten Becherlein.
Er füllte nach, trank aus den Wein,
und stellte es zum Sperrmüll? – „Nein!"

Ihr lieben Leut', wo denkt ihr hin,
das nähm' ja dem Gedicht den Sinn!
Und außerdem, in diesem Land
da gab 's doch schon das Becherpfand!

Und hatte Geld er auch in Massen,
so wollte nie der König prassen.
Doch plötzlich fiel es flugs hinein –
ins Meer – sein liebstes Becherlein ...

... und er – vom Wein der Kopf war schwer –
glitt unverzüglich hinterher.
„Und trank bald keinen Tropfen mehr." *
„Compris!" ** – Ein Resümee fällt schwer! ***

Doch hätt' der Mann nicht stets getrunken,
so wär' er kaum so tief gesunken!
Und deshalb sollt Ihr stets bedenken:
„Passt auf, was Euch die Leute schenken!"

* Nach dem Original zitiert
** franz.: verstanden *** nach so viel Wein

> *Das war jetzt, wenn man 's richtig sieht, für „Karneval" kein gutes Lied!*

„Das schlimmste Gedicht"
(frei nach Friedrich Schiller, Das Lied von der Glocke)

Vorab – damit ich niemand schocke:
Als nächstes gibt 's was auf „die Glocke".
Und Glocken sind bekanntlich schwer,
das gilt auch für Gedichte (sehr).
Und diese „Glocke" läutet lang, *
verfolgt man der Erzählung Strang,
man lernt sie kaum an einem Stück –
und gar nicht, hat der Schüler Glück.
Und falls der Lehrer Euch nicht quälte,
so nunmehr ich sie Euch erzählte.
Konnt 's jemand gar bereits genießen,
das schöne Lied vom Glockengießen?

* s. hierzu die Anmerkung auf S. 82 oben

Dann könntet Ihr in puncto Quälen
den Folterknecht Euch aus noch wählen.*
Doch wie es scheint, so ließ von allen
von Euch wohl Keine(r) ein sich 's fallen.
Jedoch, es folgt – statt „langer Fron" –
als Service – nur die Kurzversion.
Und dennoch dauert 's schon ein Stück.
So lehnt Euch ganz entspannt zurück,
und grad die stets besonders Braven,
die dürften, liest man 's vor, nun schlafen.
Und ist 's vorbei: – „Wer nimmt die Zeit?" –
so geben wir Euch gern Bescheid.

Wer Kraft noch bräuchte, rasch sich stärk':
„Und jetzt, Gesellen, frisch ans Werk!" **
Ad eins: Man kann das Gießen lassen,
man kann, ad zwei, sich kürzer fassen:
Da macht man halt die „Speise" heiß, ***
und tut was rein. Es rinnt der Schweiß,
denn kräftig rührt man links herum
und kippt alsdann den Tiegel um
und passt schön auf, weil jeder weiß,
die Schmelze ist ein bisschen heiß.****
So lässt man besser Vorsicht walten –
und dann das Ganze gut erkalten. *****

* Das Gedicht wurde ursprünglich für eine Lesung verfasst.
** Originalzitat *** nicht zu verwechseln mit „Speiseeis": die
sog. „Glockenspeise" besteht aus Kupfer und Zinn im
Verhältnis von etwa 4 : 1 · **** zirka 1.100° Celsius
***** Zugegebenermaßen „funktioniert" es so nicht!

Das wär' 's auch schon. Doch weit und breit
schweift Schiller ab – er hatte Zeit
und wollte gerne reüssieren
und kunstvoll hin und her sinnieren –
wodurch „die Glocke" „ewig" dauert',
wovor 's noch heute Schülern schauert. –
Doch hält sie manches auch parat
in puncto „starkes" Textzitat.
Vielleicht zum Kosten eine Probe?
„He, Sie dahinten, mit der Robe,
womöglich sind Sie Rechtsanwalt?" –
„Ach so, Sie finden 's hier nur kalt."

„Na gut, das kann ich wohl verstehen –
doch Rechtsanwälte müssten gehen."
Denn ehrlich, grad bei diesen „Knaben"
weiß keiner, was im Sinn sie haben.
Am Ende steht man plötzlich dumm
als Autor im Gericht herum
und muss vom Richter, was entsetzte,
gar hören, dass man 's Recht verletzte,
weil das, was man „gedichtlich trieb",
wie „Guddi"* einfach ab man schrieb,
wo dem doch nie ich Beifall zollte
und heute noch dem Burschen grollte.

* Karl Theodor Maria Nikolaus Johann Jacob Philipp Franz Joseph Sylvester Freiherr von und zu Guttenberg, ehem. Wirtschafts- und Verteidigungsminister, der in seiner Doktorarbeit mehr kopiert als zitiert hatte.

Doch flugs zurück nun zu den Fluren:*
„Errötend folgt er ihren Spuren".
Galant! – Pikant! – Wo steht das drin?
Genau! So ist es, macht es Sinn.
Und dass sich manche „Pfeifen bräunen"
muss gleichsam als Vision erscheinen.
Und heut' noch an der Tanke,
sagt' gern dem Chef man „Danke!",
wenn an er die Gesellen zischt:
„Was habt Ihr da denn angemischt?" –
„Sieh da, sieh da",** die Burschen flieh'n –
ja, gab 's denn damals schon Benzin?

Doch halt, wer wollte das begreifen?
Und ich, ich sollte ab nicht schweifen!*** –
Wo Zartheit sich mit Strenge paart,
ist mittelweich das Resultat.
Das gäbe einen guten Klang.
Der Wahn sei kurz, die Reue lang.
Der Mann, er müsst' hinaus ins Leben,
wenn Lüste flieh'n – so ging 's daneben. –
Oh Zeiten, oh Sitten, begreift das noch wer,
wo nimmt dieser Schiller das alles nur her.
Da kennt man den Dichter als Schulbuchpoet
und staunt dann gewaltig, wie ab das hier geht.

* alle nachfolgenden Zitate a. a. O. (z. T. recht frei)
** vgl. Friedrich Schiller, Die Kraniche des Ibykus
*** „die Glocke" wirkt insofern „hoch ansteckend"

Zurück drum zum Texte, der klingt ja verschärft,
mal gucken, was sonst diesen Dichter noch nervt.*
Das Weitere gleich aufzuzeigen:
Es geht hier um den Lebensreigen –
und dann, konkret und recht gesehen,
ein Stück weit auch um 's Zeitgeschehen.
Oh „wehe, wenn sie losgelassen!"
Ein Spruch – auch dieser scheint zu passen.
„Pfosten stürzen, Fenster klirren!" **
Mächtig kann der Mob sich irren.***
„Dass ist prima, das ist klasse",
tönt es an der Kirmeskasse. – ***

„Alles rennet, rettet, flüchtet,
taghell ist die Nacht gelichtet."
Ja, auch dieser Spruch stammt her –
na, von wem wohl? – War nicht schwer!
Liest man weiter, merkt man 's schon,
oft ist 's Asso-zi-a-tion,
die den Dichter weiter treibt,
während der am Schreibpult bleibt.
„Meister rührt sich und Geselle,
jeder freut sich seiner Stelle." –
Wahnsinn, kaum zu glauben, Leute –
klingt, als wär' der Spruch von heute.

* „Der Rhythmus ändert' kurz den Fluss –
der Jambus ward zum Daktylus" ***
** und noch ein Rhythmuswechsel (zum Trochäus – s. u.
S. 72 f.) *** nicht von Schiller

„Arbeit ist des Bürgers Zierde,
Segen ist der Mühe Preis."
Wenn ich richtig recherchierte,
glaubt' 's der Mann, soweit man weiß. –
„Wo rohe Kräfte sinnlos walten,
da kann kein Knopf die Hose halten."
Der erste Satzteil, der ist seiner,
der zweite ist von „Weiß-wohl-keiner".
„Gefährlich ist 's, den Leu zu wecken" –
die Zeile kann noch heute schrecken.
Und „Weiber werden zu Hyänen" –
da weinen weiche Männer Tränen.

Sie „Freude dieser Stadt bedeute" –
das unterschriebe ich noch heute.
Doch Manches sonst, ich sag' es mal,
erscheint dann eher doch fatal.
Wie just der Versfuß: „Ach Du Graus!" –
denn rhythmisch „fliegt" der Klöppel* 'raus! –
Mit gleichem Schwunge? – Wirklich nicht! –
da ist „die Glocke" – „kein Gedicht"!
Wer 's lesen mag, in diesen Tagen
der les' es, kann man dennoch sagen.
Und wer 's nicht mag, der les' es nicht,
als „Tipp" am Ende vom Gedicht. –
Wer möchte, darf sich gerne strecken –
wer schläft, den bitt' ich nun zu wecken!

* dessen Produktion Schiller zum Glück nicht auch noch
beschrieben habe, wie spöttisch angemerkt wurde.

„Und zur rechten ..."
(frei nach Ludwig Uhland, Ballade „Schwäbische Kunde")

Einstmals war die Christenheit
Streites lustig, kampfbereit.
Folglich zog mit Schwert und Heer
manch ein Herrscher kreuz und quer
jeweils Richtung Naher Osten –
ohne Rücksicht auf die Kosten.

Nun, da treten wir doch frei
heimlich den „Crusaders" * bei.
Schon auch sehen wir die „Knappen"
mühsam durch 's Gebirge tappen.
Einer hat sogar apart
rund ums Kinn in rot den Bart.

„Rotbart!" – Wer die Sprache kennt,
weiß, wie den man auch noch nennt.
Und dann seh'n wir – ja was haben
wir denn da noch Schönes? – Schwaben!
Meist sind Schwaben unerschrocken,
selbst im Ausland kaum zu schocken.

* engl.: Kreuzfahrer

Eben herrschte große Not,
„Steine gab 's und wenig Brot",*
denn das Land ist felsig – eben
steil und steinig wie das Leben.
Doch die Schwaben können alles
„außer Hochdeutsch" manchen Falles.**

Diesen Falles macht es nichts,
wenn der Berge angesichts
jemand wenig Wasser hat –
folglich auch kein Wasserrad.
Deshalb musst' an manchen Tagen
gar sein Pferd der Reiter tragen.*

Nun, ein Schwabe ohne Glück
blieb dank „lahmen Gauls" zurück,
dieses, wie bereits bekannt,
eben nicht im Schwabenland,
sondern just die Crux dabei –
tief im Innern der Türkei.

Und so zieht er ganz allein
mittenmang ins Tal hinein,
wo er merkt, dass ihn, den Schwaben,
Feinde im Visier schon haben.
Plötzlich preschen die herbei,
schrecklich klingt ihr Kampfgeschrei.

* frei zitiert nach dem Original ** soweit die Sage

Wir erwähnten 's – kaum zu schocken –
ist der Schwabe. Unerschrocken
macht er gleich die Leinen los –
(nein, wer schreibt denn so was bloß?
Weiß man doch – nicht ungelehrt –
dass an Land kein Schiff verkehrt).

Nein, sein Schwert aus langer Scheide
zieht er. Trifft den Gegner. Beide
Hälften dessen sieht man sinken,
rechts zur rechten, links zur linken
Seite von des Türken Mitte. –
An die Eltern hier die Bitte:

Kinder könnt' das Thema quälen –
deshalb 's ihnen nicht erzählen! * –
Da die Feinde „live" es sahen,
mochten diese nicht mehr nahen.
Da erklang ein lautes „Hossa!".**
He, wer singt da? – „Barbarossa!"

Der nun winkt' ihn: „Komm' mal, Mann!"
stark beeindruckt – kurz heran,
grinste breit und schickt' ihn gleich
heim zum Lohn ins Schwabenreich. –
Und so heißt seither apart
jener Streich „~ nach Schwabenart".

* „Ihr dürft doch gleich einen ‚Harry-Potter'-Film sehen!"
** eine frühe Version des von Rex Gildo gesungenen Liedes

„Die Brück' am Tay"

(frei nach Theodor Fontanes Ballade: Die Brück' am Tay)

Die Lok, sie schnauft durch schwarze Nacht –
ihr Feuer leuchtet rot. –
Was so beginnt, erregt Verdacht:
Das Thema hier heißt: „Tod?"

„Mal seh'n!" – Die Wagen hinter ihr –
wer 's weiß, der stimmte bei –
und wer 's nicht kennt, erfährt 's von mir –
sie nah'n der Brück' am Tay.

Und sagte man 's „The British Way" –
in Schottland spielt 's – nur knapp
erwähnt, so hieß' es: „Firth-of-Tay".*
„Und nun den Film mal ab!"

Schon mehr als hundert Jahre her –
da baute man am Tay
die Brücke gleichsam über 's Meer
und fühlte so sich frei …

… von Wetter, Wind und Wellengang,
die oft die Fähre hemmten,
da Züge sich am Eisenstrang
gar Stürmen wider stemmten.

* Meeresarm des Tay, der östlich in die Nordsee mündet

So war es auch in dieser Nacht,
sie standen nah der Pier,
die Eltern Johnies, bang gemacht
durch ahnend ein Gespür.

Es tost der Sturm, der Pfeiler wankt,
der Zug ist auf der Brück',
der Tender hinter Johnie schwankt,
und John denkt kurz zurück.

Und preist den Stand der Gegenwart:
„Und wie's auch rast und ringt und rennt",
so wähnt er blind nach „Macherart",
„wir kriegen es unter: das Element."

Doch weit gefehlt, der Zug stürzt ab,
die Brücke brach entzwei.
Die Zahl der Menschen – „nicht zu knapp" –
die lebten ab dabei.

Und was das Allerschlimmste war,
nicht war 's der Hexen Schand',
die dieses Unglücks Leid gebar:
Der Menschen Werk war 's: „Tand!"

> *„Geht das jetzt so schaurig weiter?" –*
> *Ja, noch einmal – dann wird 's heiter!*

„John Maynard"

(frei nach Theodor Fontane, John Maynard)

John Maynard wäre, recht beseh'n,
seit hundert Jahren* Kapitän.
Doch leider starb er wie bekannt,
sich opfernd, als ein Brand entstand.

Kein Eisberg war der Grund, kein Riff.
Die „Schwalbe" hieß das stolze Schiff.
Es ging, wie später die Titanic
nicht unter – gab es keine Panik.

Die „Schwalbe" pflügte durch den See.
Die Gischt, sie schäumte – weiß wie Schnee.
Und wie man 's oft erleben kann,
trat Manche(r) hin zum Steuermann ...

... und fragte: „Na, wie schaut 's denn aus,
wann sind wir heute wohl zu Haus?"
John Maynard tat nach Blick in 's Rund
den Zeitraum kund: „'ne halbe Stund'."

Na schön, das ließ sich aus noch halten –
und schon entschwanden die Gestalten.
Doch plötzlich gellt ein lauter Schrei –
John Maynard eilt sogleich herbei.

* genauer sogar seit mehr als einhundertfünfundzwanzig –
das Gedicht wurde erstmals 1886 veröffentlicht (Wikipedia)

„Ein Feuer! Löschen!? – Geht nicht mehr!"
Der Rauch, er macht das Atmen schwer.
Da schickt er rasch die Leut' zum Bug,
gibt 's dort doch frische Luft genug.

Er selbst verbleibt im Steuerhaus
und hält im Qualm die Hitze aus,
das Steuer fest in seiner Hand,
derweil er fast im Feuer stand.

Es kamen alle heil davon:
die Frau, ihr Mann, der kleine Sohn
die vielen Leut', die jungen Mädchen.
Nur einer fehlte nun dem Städtchen.

Denn John, sein Schiff legt' lodernd an,
verstarb, der treue Steuermann. –
Doch was er tat, vergisst man nicht!
Und deshalb gibt es – sein Gedicht!

„Oh Mann, das war jetzt aber schon
die schwerste Kost – und Lesefron!" –
Wie wahr! Doch ist nun das vorbei!
„Ei – tandaradei und ..."

„*Tandaradei*"

(frei nach W. v. d. Vogelweide, Unter der Linde)

Sexgeschichten, „heiße Bräute",
wähnt man, gäb' es erst seit heute,
seit die Porno-Illustrierten
sich mit prallen Busen zierten,
das in letzter Zeit so reichlich,
dass der „Playboy" eher weichlich –
trotz ab Kinn entblößter Beine –
schon als sittsam fast erscheine.

Täuscht der Eindruck, sieht man schlecht?
Nun, insoweit hat man Recht,
als vor mehr als hundert Jahren
Bilder so nicht möglich waren,
falls man sie nicht selber malte
oder Rubens gut bezahlte.*
Doch war früh schon nackt und frei
Manches „wie gemalt" dabei.

Folglich war die Sexmoral
nicht seit alters her so schal
wie sie 's schien zu manchen Zeiten,
wo man alle Oberweiten,
Oberschenkel sowieso
ganz verbarg, erst recht den Po,
wo der Mensch in Badekleidern
ähnlich sah den Hungerleidern.

Quergestreift – als „Sinnesschmaus"
ragte nur der Kopf heraus.
Nackt war'n höchstens: „Schöne Grüße
von der Küste!" – Hand und Füße. –
Doch zum Titel nun zurück
wie zum sinnlich süßen Glück.
Früher nämlich „wild" dabei**
war man bei der Liebelei.

So beschrieb den „Reiz der Heide"
Walther von der Vogelweide.
Name heißt lateinisch: Nomen –
seiner war da fast ein Omen.
„Schone sang die Nachtigall" –
so beginnt des „Voglers" Fall.
Kurzzitat: „Dass er mich herzte,
wie mit mir er [munter] scherzte."

Wie genau, das sagt sie nicht,
weil man „da nicht über spricht".***
„Nur ein Vögelein dabei,
tandaradei und tandaradei."
Und das wird den Liebesreigen
doch verlässlich wohl verschweigen.
„... mugget ihr vinden gebrochen Gras."
Das verweist auf großen Spaß.

* siehe z. B. Venus und Adonis (um 1615)
** nicht jedoch BILD
*** eine norddeutsche Redewendung

Vor dem Walde, nah der Aue –
seufzend: „Oh Du heil'ge Fraue!"
kam das Paar beim Kleidersuchen
später wohl „a weng"* ins Fluchen. –
„Und er machte ihr ein Bett
angefüllt mit Rosen." – Nett! –
Falls der Herren einer lachte,
üb' er gern mal, wie man 's machte.

„Und er küsste ihren Mund –
beider wurde rot wie wund!" –
Derart ging es flott und heiter
Strophen lang und „lustig" weiter.
Kurz: in puncto „Schweinerei"
war man damals hübsch dabei. –
Wo man 's, falls man 's suchte, finde?
Unter der Linde? – „Unter der Linde!" **

* fränkisch: ein wenig ** so der Titel des Gedichts ·
Im Gegensatz zu seinem Konkurrenten Tannhäuser drückte
sich Walther jedoch immer eher diskret aus.

„Musste das gerade sein?" –
Ja – sonst liest es ja kein Mensch!

„Erfolgsrezepte"

Meistens will der Mann das Eine:
„Süß" sei eine Frau, und seine. –
Will er nun ihr Herz gewinnen
muss er 's „taktisch klug" beginnen:
Manchmal reizt ein Waschbrettbauch,
breite Schultern tun 's dann auch.

Anders bringt als Sexappeal
mancher Geld und Gut ins Spiel.
Einer wagt gar den Versuch
und verfasst ein kluges Buch,
dass die Frau denkt: Allerhand –
doch mal einer mit Verstand!

Mancher schenkt ihr Süßigkeiten,
hofft dabei auf süße Zeiten.
Mancher setzt Likör und Wein
für den Zweck als Mittel ein.
Wer 's vermag, verfasst Geschichten
und versucht sogar zu dichten.

Mancher will ihr Sehen, Hören,
Fühlen – künstlerisch betören,
hämmert Steine, malt ein Bild,
gibt sich musikalisch wild. –
Manchmal kommt ein schneller Wagen
flach, konvex geformt, zum Tragen.

Dann von Vorteil, steigt die „Hitze" –
standardmäßig – Liegesitze.
Mancher schenkt den Rehen Eicheln,
um bei ihr sich einzuschmeicheln,
liest ihr Wünsche von den Lippen,
um an diesen dann zu nippen. –

Stilvoll ist es, kühn zu starten –
dann jedoch erst abzuwarten,
dass die Frau sich fragt: „Der Mann
mag entschwinden?" – „Nein!!" – Na dann!

Und im Großen und im Ganzen
ist es hilfreich, kann man(n) tanzen. –
Sinnvoll, wenn man drüber spricht,
was sie mag, und nicht, was nicht. –
Soll man Komplimente machen?
„Ja, und lächeln – bloß nicht lachen!"*

* das könnte die Erinyen wecken (s. 2. Fußnote auf S. 13)

„Heinrich & Luise"

Heinrich sah als Reitersmann
hoch zu Pferd man dann und wann.
Draußen auf dem flachen Land
war sein Name wohl bekannt.

Heinrich liebte nun Luise –
pferdefreundlich war auch diese –
die er glühend heiß verehrte
und „seit ewig" schon begehrte.

Eines Tages sah er sie,
hoch zu Pferde. – „Poesie!"
schwärmt' er, wähnend „Sie ist meine!"
denn sie ritt („der Schelm!") zur Scheune.

Eilig preschte er heran,
bot Konfekt und Küsse an,
was Luise ignorierte,
da sie Heinrich nicht „goutierte".

Dieser aber, stark erregt,
kam ihr nah, von Lust bewegt
macht' er ihren Sattel los –
doch Luise schalt ihn bloß.

Schwang sich sattellos auf 's Pferd,
ritt, das Reiten war erschwert,
eilends heim zu sich nach Haus,
sperrte zu – und harrte aus.

Heinrich, kräftig, stark und jung,
folgte ihr und warf mit Schwung –
hoch hinauf aufs Satteldach
ihr den Sattel nach. Der Krach ...

... war immens. Dann drang er ein*,
doch Luise zürnte: „Nein!"
Da der Tür er zugesetzt,
war ihr Stolz noch mehr verletzt.

* ins Haus

Heinrich ließ Luisen los,
tief enttäuscht – der Frust war groß.
Wütend ritt er heim zum Hof –
wüst nur schimpfend: „Ist die doof!"*

* bar jeder „Contenance" trotz wachsender „Distance"

„Vive la France"

Frankreich ist ja wie bekannt
wunderschön als Land. Der Strand
sommers an der Cote d'Azur:
blauer Himmel, Sonne „pur".
Herrlich sind doch die „vacances"
an den Ufern der Provence.
Grasse, die Rhone und die Loire,
glücklich, wer auch dort schon war.
Perpignon – das Roussillon
„est aussi" als Landschaft „bon".*

„Oh, Champagne – alles klar!" –
Bester Schaumwein, wunderbar!
Gleichfalls lockt aus Allemagne
fort das Klima der Bretagne.
Caen, Le Havre, Giverny,
Claude Monet – die Normandie. –
Stadt der Mode, voll Esprit,
„Capitale d'amour – Paris".
Metro, Oper, Tour Eiffel,
Louvre, Seine – erwähn' ich schnell.

Sollte mehr ich hier beschreiben,
müssten wir noch „Stunden" bleiben. –
Doch was gern erwähnt ich hätt',
kurz – ist eins: „Le cinq-à-sept". **
Schamhaft tuschelnd nur ich sag':
„Faire l'amour" – am Nachmittag
für zwei Stunden, gern auch mehr,
nicht nur kurz: „Du moins deux heures!" ***
Et „je t'aime", „la décadanse" –****
Birkin, Gainsbourgh. – „Vive la France!"

* ist auch … gut ** wörtl. Übers.: „Der Fünf-bis Sieben"
*** franz.: mindestens zwei Stunden
**** Titel der beiden von den genannten Interpreten
akustisch authentisch dargebotenen Chancons

„Liebe …"

Manchmal, dass ich „Fernseh" seh'. –
Einmal gab 's da den Gourmet,
der es liebte, selbst zu kochen,
das seit Jahren schon und Wochen,
denn er schätzte den Genuss:
Speisen, Weine – wie vom Kuss,
diesen, das nur im Vertrauen,
auch von nicht denselben Frauen,
die er, war'n sie leicht ermattet,
erst bekocht hat, dann begattet. –
Wie 's die Leute richtig sagen:
Liebe geht halt durch den Magen!

„Glück gehabt!"

Nach Jahrzehnten starb der Gatte,
dem sie einst vermählt sich hatte.
Nun – bekanntlich ist das Sterben
oft von Vorteil – für die Erben.

Als genau man sich 's besah,
zeigte sich, als Erbe da
war entgegen der Moral
noch ein Spross – der sehr fatal
nicht von ihr, der Ehefrau
stammte. „Bitte, wie?" – „Genau!"

Folglich war – es schwand die Trauer –
nur noch wütend sie und „sauer",
da sie „nie im Leben" dachte,
dass ihr Gatte „sowas" machte.

Voller Zorn, ob Tag, ob Nacht,
hätte sie ihn umgebracht,
nur war der ja nicht mehr eben,
da verstorben, noch am Leben. –
„Glück gehabt!" – So blieb apart
noch ein Tod dem Mann erspart!

„D-English"

Fünfundvierzig, nach dem Krieg
und der Alliierten Sieg
und dem Scheitern des Faschismus
galt der „A-me-ri-ka-nis-mus"
als der letzte Modeschrei.
Manche(r) war da flott dabei.
So ließ keinen Rock-Song aus
einer wie der Peter Kraus.

Wenn 's nur aus den „Staaten" kam,
galt 's per se als „Edel-Rahm" –
nicht allein das „Care-Paket",
wie es im Geschichtsbuch steht.
Nein, es war halt alles toll,
groß und prächtig: „Wonderful!" –
und es war „ein Silberstreif"
stets der „U-S-Way-of-life".

Nun, das fand man dort sehr fein,
kaufte hier sich dankend ein
und beherrscht in puncto Geld
heut' noch fest die Firmenwelt.
Und natürlich wurd' 's modern,
dass ein Jeder Englisch lern'. –
„Well, okay!" – Nur wuchert 's weiter,
manch ein Auswuchs stimmte heiter …

… wirkte es nicht fast beschämend,
den, der ernst es nimmt, gar grämend:
„Public Viewing" – „Leichenschau"
heißt bei uns es dann genau,
wenn der Fan der Fußballwelt
sich zum Rudel-Schau'n gesellt,
mit sich führt den „Body Bag":
Ausweis, Schlüssel, Karte, Scheck …

… stecken drin – man möcht' erbleichen,
dient der Sack doch sonst für Leichen.
„Smoking", „Handy" – auch „Know how" –
„deutsches" Englisch? – „Yes, genau!" –
Wer sich derart nun mokiert,
schaut, dass ihm das nicht passiert. –
„Oh, 'ne Message* auf 'm Handy?" –
„Cool – von meiner Coachee** – Mandy!"

* engl.: Nachricht ** engl.: Klient/Klientin

„Reine Logik"

Liegt „in vino veritas"*
schenkt man sich – mit reinem Wein –
eingefüllt ins reine Glas –
nichts als reine Wahrheit ein.
Trinkt man nun genügend Wein,
wirkt sogar die Logik rein.

* lat.: im Wein (ist die) Wahrheit

„Fuzzy Logic"

Selten nimmt man 's „zu genau" –
anders „tut 's" die EDV:
Immer muss exakt man sein,
denn ansonsten „sagt" sie: „Nein!"

„Nein!" bedeutet: Kein Ergebnis,
„Error"-Hinweis – „Frust-Erlebnis" –
dass als Mensch man folglich grollte,
wenn nicht folgte, was man wollte.

Ja, man muss präzise(r) werken!
Sind das nicht die „größten Stärken",
ließ' man 's oft am liebsten sein,
sagt' zur EDV man „Nein!".

Nur ist damit heute leicht
wenig – letztlich nichts – erreicht. –
Helfen könnt' ein „Datenmann",
welcher „Mensch" versteht – sodann …

… dieses dem Programm „verklickert",
dass es eher „unscharf tickert".
Dann macht 's selbst dem Laien „Spassi",
denn – die „Logic" ist dann – „fuzzy".*

* engl: unscharf, „fusselig", undeutlich

„Strings"

„Eine dreiste Variante"
sagte eine mir bekannte,
nette wie auch kluge Frau,
sei es bei der EDV,
dass sie „nie" den Nutzen zolle,
wenn man diese nutzen wolle.
Mehrfach hatte sie geschrieben,
niemand könne die doch lieben,
ihr in Gänze ungeheuer
sei sie – und zudem zu teuer. –

Nun, als Ausgangsposition
scheint mir das bedenklich schon,
falls man glaubt', dass ein Gerät
letztlich es doch spüren tät',
wenn man es nicht leiden kann,
sei man Frau nun, sei man Mann.
Wie, das sei nur wüst „ersponnen" –
derart nie ein Preis gewonnen!?
Kann man da so sicher sein?
Nun, ich fürchte, eher nein!

Faktisch gilt doch, dass Materie,
sei sie auch erstellt in Serie,
letztlich, wenn man tiefer geht,
rein aus Energie besteht,
und genauso auch Gedanken, …

… dann kommt Manches wohl in 's Wanken,
dem man zu die Schwingung lenkt,
schlechte, da man Schlechtes denkt?!
Das basiert nun allerdings –
wissenschaftlich – auf den „Strings".

Und von dieser Theorie
hörte/las man – gar noch nie?
Dass in parallelen Welten
gänzlich andre Regeln gelten
als wir sie vom Alltag kennen.
Soll ich eine mal benennen?
Gern, nur halten Sie sich fest,
Manchen gibt das glatt den „Rest"!
Kurz vorweg, man kennt wohl schon
den Begriff der Dimension?

Lang mal breit mal hoch: Hoch drei?
„Ja, schon klar, das war nicht neu!"
Und dazu die Zeit als vierte,
was man auch noch gut „kapierte".
„Wirklich keine Sensation!" –
denkt jetzt Manche(r) voller Hohn?
Nur gemach – der „Hammer" kommt:
Dass die String-Methode frommt,
reichen nicht die vier „Bereiche".
Nein, dass jeder Zweifel weiche …

… braucht 's – man mög' es mir verzeih'n –
nicht nur sieben, acht und neun,
auch nicht zehn „nur" – elf sind 's gar,
wie es „jüngst" zu hören war.
„Na, da hört sich alles auf!",
sagt vielleicht jetzt Manche(r) drauf.
Dennoch, wenn genau man 's nimmt,
wird man seh'n, das Ganze stimmt. –
Doch es gibt da ein Problem:
Alles das ist unbequem!

Denn um wirklich „durchzublicken",
müsst' man lang die Schulbank drücken,
und am besten ein Genie
ist man nicht nur in Chemie,
sondern auch bei „Mathe"-Themen.
Möglichst mit Physik-Problemen
sollte gern man ein sich lassen,
denn ansonsten würd' man 's hassen. –

Doch zugleich kommt 's an den Tag:
Wenn man diese Dinge mag,
sind sie einem wohl gewogen,
wird man förmlich hingezogen.
Und wo sind wir jetzt? – Genau –
ganz am Anfang, bei der Frau,
die die EDV nicht mag,
nicht bei Nacht und nicht am Tag! –
Und jetzt weiß man 's – fast „mit links":
„Schuld an allem sind – die Strings!"

„Sprachtalent!"

Glücklich – wer, als Frau, als Mann,
fremde Sprachen sprechen kann.
Manche(r) lernte einst Latein,
setzt es selten zwar nur ein …

… doch als Basis, sieht man 's recht,
ist es letztlich gar nicht schlecht
für – ein Beispiel? Bitte sehr! –
just Französisch: „Quel bonheur!" [1)]

Und für and're Sprachen auch –
selbst im deutschen Sprachgebrauch
wie „in English" – „nowadays" [2)]
hilfreich „just for runaways". [3)] –

„Kan een Nederlands ook praten" [4)]
fährt man gut auf Hollands „Straaten". [5)]
Polski? Russkij? Auch nicht schlecht,
selbst wenn nur man „radebrecht".

Italienisch: „Mi' amor'!" [6)]
Gern auch Spanish: „Por favor!" [7)]
Portugisisch – gar Rumänisch,
Schwedisch, Finnisch wie auch Dänisch.

[1)] welch (ein) Glück! [2)] heutzutage [3)] selbst/grad für Ausreißer
[4)] kann man auch Niederländisch sprechen [5)] Straßen
[6)] meine Liebe [7)] bitte

Wer dann gar Japanisch kann,
ist gefragt, ob Frau, ob Mann.
Mandarin, vielleicht noch Kanton?
Wer 's beherrscht, der kennt St. Anton …

… Hongkong, Tokio – kein Witz –
aus sich auch in St. Moritz
und Davos. – Arabisch spricht
gern man, scheut' man Hitze nicht.

Gleichfalls wäre, sieht man 's recht,
auch Hebräisch dann nicht schlecht. –
Griechisch, Serbisch und Kroatisch,
wer es kann, der wirkt sympathisch.

Doch zurück ins Vaterland –
(Mutterland wird 's nicht genannt):
Wer da glaubt, dass Deutsch man spricht,
kennt wohl die Regionen nicht.

Beispielsweise sagt beim Bier
gern der Bayer: „Mir san mir!"
Gut wär' 's, dass man Schwäbisch „schwätzet",
falls man sich zum Schwaben „setzet".

Pälzersch spricht man besser rein,
schätzt man Rhein- und Moselwein. –
Trifft man in Hannover ein,
„stolpert spitz man übern Staain" …

... was man auch in Hamburg kann,
geht man 's hanseatisch an.
Auch im Westen spricht man toll:
„Äarlich, Omma! Hömma! – Woll?"

Ähnlich: Köln – beim Karneval –
„Bützen?" [1] – „Emmer!" [2] – „Wen?" – „Ejal!" [3]
Dafür mag man sich in Franken
kaum fürs „Budlasba" [4] bedanken.

Eilt alsdann ins schöne Sachsen,
wo auf Bäumen Mädchen wachsen,
alle süß: „Da gouckste – nicht?!"
Schlimm nur, wenn das Mädchen spricht.

Wer davor zurück nicht schreckte,
kennt noch mehr der Dialekte. –
Kann vielleicht auch Kemisch [5], Serer, [6]
eines als das andre schwerer.

Zulu [7] könnt' man auch probieren
und sich ein in Shona [8] führen. –
Falls man all die Sprachen kennt,[9]
ist man wohl ein Sprachtalent!

[1] küssen [2] immer [3] egal [4] Hähnchenschenkel – falls „ozullt" (abgenagt) [5] Sprache des Alten Ägypten [6] eine Niger-Kongo-Sprache [7] genauer: IsiZulu, Sprache der Volksgruppe der Bantu (überwiegend in Südafrika ansässig) [8] Nationalsprache in Simbabwe [9] und versteht und spricht

„Per Vers"

Der Hafen von Piräus –
er reimt sich auf Trochäus.
In China wächst der Bambus,
und dieser reimt auf Jambus.

Und wenn der Wind durch 's Banner bläst,
so reimt sich das auf Anapäst.
Beim Rätseln denkt man: „Knack' die Nuss!"
und formt zugleich den Daktylus.

„Wie nett – das klingt ja riesig toll!" –
nur fragt der Leser*, was es soll.
Nun ja, es ist ein kurzer Gruß
zur Würdigung des Verses Fuß. –

Und welcher Versfuß im Gedicht
herrscht hier nun vor? – Trochäus nicht!
Mit: eins, zwei, eins, zwei (ohne drei)
betont man eins, und zwei bleibt „frei".

„Doch auch nicht Anapäst, mein Kind",
weil dort es drei der Silben sind,
wobei die letzte man betont. –
Beim Daktylus wär 's ungewohnt …

* ggf. beiderlei Geschlechts natürlich

… weil 's da die erste Silbe ist,
der bei man die Betonung misst.
Um nun das Rätsel aufzulösen:
Was ist noch nicht verneint gewesen?
(Ein Tipp: botanisch, glatt wie Bambus):
„Sehr gut, très bien – es ist der – Jambus!"

„Hömma!"

„Hömma!" – sagt die Oma –
„Kind, so geht datt nicht,
datt datt kleine Hänsgen
nix wie Ruhrplatt spricht.
Bring' doch ma datt Jüngsken
öfftas hier bei mich –
Du, da lernt ett Hochdeutsch
besser wie bei Dich!" –

„Nee!" sagt da die Tochter,
„Mamma, datt vergiss' ma.
Wie mann 't richtig sagen tut,
hömma Du, datt wiss ma!" –
Folglich wurde Hänschen
keine Chance gegeben.
Hans spricht heut' noch Ruhr-Platt.
„Tja – so iss ett Leben!"

„Zum Autor"

Wer des Autors Namen kennt,
weiß bereits, wie der sich nennt –
was ihn freut – und gern drum sagen
mag er, was sich zugetragen:
Einstmals, nach dem Abitur,
„diente" er – zwei Jahre „nur". –
Um als „Pauker" zu brillieren,
ging 's im Anschluss ans Studieren.

Doch ein Stück weit in die Klemme
kam er dank der Lehrerschwemme.
Nun, er gab zunächst nicht auf,
baute etwas Neues auf* –
und erkannte dann, sein „Ding"
sei der Markt, das Marketing. –
Auch manch Training gab er schon.
Heute – bar der festen Fron …

… ist er gänzlich eigenständig
und befasst sich eigenhändig –
frei von Hast, mit Stress mitnichten –
mit dem Schreiben von Gedichten.
Trug schon vor sie – gar Applaus
gab es – manch ein Buch heraus
kam bereits, die Anzahl drei –
vier – zählt dieses man dabei.

Hat auch, weil er 's Handeln mag,
seinen eigenen Verlag,
bringt heraus, für fairen „Lohn",
manche Publikation. –
Frau und Tochter sind das Schöne
ihm im Leben, wie zwei Söhne.
Alle konnten beim Studieren –
zwei „final" schon – reüssieren.

Physisch, geistig (hofft er) fit
läuft er gern – doch ungern mit.
Wohnt im Westen nah den Feldern
fast am Rand der Landstadt** Geldern.
Und er freut sich täglich – eben,
weil er 's gern so mag – am Leben.
So, dass war 's! Und nun, zum Schluss –
nur des Buches – zum Genuss!

* eine Tagesstätte für Kinder ab 1,5 Jahren (1980)
** Vollständig nennt sie sich „LandLebenStadt" (der Name ist wohl mehr ein „Ding in Richtung Modern Marketing").

> *Kurz vor Schluss ein*
> *„Quantum Trost"? – Kein*
> *Problem! – Es folgt ein Toast!*

„Zum Wohl!"

Damals, fünfzehn war ich wohl,
trank ich manchmal Alkohol:
„Nein, nur wenig – Gott bewahre!"
und auch Bier nicht – viele Jahre!
Unverschlossen aber stand
zwischen Schrankes Tür und Wand
manch ein int'ressanter Trank,
gut gefüllt – zumeist auch lang.

„Edelkirsche" etwa – Wein,
Korn- und Obstbrand – rein und fein.
Und mit Eiern der Likör;
dieser lockte damals sehr.
War'n die Eltern aus dem Haus,
nahm ein Gläschen ich heraus
und befüllte es gespannt
fast bis oben hin zum Rand.

Da ich den Geschmack genoss,
an sich teils ein zweites schloss –
sichtbar bald am Inhalt schon
jener Flasche. „Klar, der Sohn!"
argte Mutter. Ein Disput
folgte. Sank auch kurz der Mut,
mochte doch ich ab nicht lassen –
und entschied mich nachzufassen.

Da nun aber stutzte ich:
War da etwa … ? – Ja, ein Strich, ——
der am Etikett sich fand,
wo zuvor der Pegel stand.
Dorthin reichte der nicht mehr –
und mein Glas – es war schon leer. –
Doch sogleich – wie heut' ich 's seh' –
kam mir eine „Schnapsidee".

Und ich füllte nach – mit Wasser!
„Welch ein Fehler – welch ein krasser!"
Denn als nun der Sonntag kam,
Mutter den Likör sich nahm,
etwas über 's Eis zu gießen,
sah man den heraus nur „schießen" –
hier und da und dort auch hin –
war die Konsistenz doch dünn.

Und sogleich war sonnenklar,
wer der „Heckenschütze" war.
Himmel, Herr, war da was los –
und der Ärger riesengroß.
Folglich sprach ich dem Likör
künftig nicht mehr zu so sehr. –
Wurd' ich gleichsam abstinent?
Nun, wer mich ein wenig kennt …

… würde wohl nicht unbesehen
über diese Brücke gehen.
Nein – ich bin, um nicht zu lügen,
kurzerhand nur „umgestiegen" –
auf den „Korn", der gänzlich klar
und wie Wasser flüssig war.
Dadurch gab es recht bequem
nie mehr ernsthaft ein Problem.

Wurd' auch mal der „Boden heiß",
fehlte jeweils der Beweis,
wenn die Eltern etwas spürten –
hatt' ich schon zum dritten, vierten
Male wieder nachgefüllt –
weil der Trunk nun eher mild
und nicht mehr so kräftig schmeckte.
Da ich aber „maßvoll streckte" …

… diente dennoch der Erbauung
dieser wie auch der Verdauung. –
Und so bin in all den Jahren
ich „Zum Wohl!" ganz gut gefahren.
Und ich lernte – auch für 's Leben
hilfreich – diesen Grundsatz eben:
„Früh schon übt man Tugend ein!"
Welche ich? – „Flexibel sein!" *

* womit nicht der Eindruck erweckt werden soll, dass es
zum Erwerb und Einüben dieser Tugend nicht auch andere,
weniger bedenkliche Möglichkeiten gäbe.

„Schall und Rauch"

Flüchtig – gleichsam wie ein Hauch –
seien Namen: „Schall und Rauch"
und im Grunde ganz egal,
sagte jemand.* – Allzumal?

Kaum! – So hieß' ich Hintermberg
eher ungern – Kläre Werk
auch nicht – wie nicht Hinz und Kunz,
Hassdenteufel, Geil und Strunz.

Und sogar den Namen Schröder
schätzt wohl heute nicht ein jeder.
Gleichfalls reimt sich auf Gedicht
dieses Dichters Name nicht.

„Redlich" aber machte Mut,
Bauer kläng' beim Landwirt gut,
und ein hintergründig Schlauer
hieße gern wohl Adenauer.

Namen großer Ahnen Reihe
wären eine Art von Weihe.
Hieß' man Lessing, Goethe, Schiller,
wäre das ein Stück „der Knüller" ...

... was zugleich wohl gelten kann
für die Namen Heine, Mann. –
Folglich bleibt als Fazit schlicht:
„Schall und Rauch" sind Namen – nicht!

* vgl. J. W. v. Goethe, Faust. Eine Tragödie

„Bis dereinst ..."

Wenn, dann letztlich ohne Not
schießen Jäger Hasen tot,
denn dem Jäger je ans Leben
wollt' wohl nie ein Hase eben.

Trotzdem – durchaus zugeraten *
wird zum Schmaus mit Hasenbraten,
wenn das Bret man marinierte,
schmorte und zum Mahl garnierte.

Dieses lass' in frohen Stunden
man im frohen Kreis sich munden,
nett mit einem Glase Wein,
schenke gern auch mehrfach ein. –

Passiv nur beim Mahl dabei –
sei 's dem Hasen einerlei;
wenn, genösse der 's in Frieden,
„selig" ruhend – da verschieden.

„Mann, das klingt ja echt gemein –
und für Rind und Huhn und Schwein
gilt 's doch auch. Die Pflanzen, frisch –
kommen gern sie auf den Tisch?"

Da die Luft „kaum" nahrhaft ist,
jedes Lebewesen (fr)isst,
auch der Mensch – es gilt für jeden
bis dereinst – im „Garten Eden".

* vom Autor weder „ab-" noch „zu-" – noch „ab und zu"

„Dichter-Daten"

Erhardt, Heinz, geb. 20.02.1909 in Riga, gest. 05.06.1979 in Hamburg. Kaufmännische Ausbildung. Radiomoderator, Entertainer, Schauspieler, Musiker. Komiker. – Werke u. a. Noch 'n Gedicht, Von der Pampelmuse geküsst u. v. v. m.

Fontane, Heinrich Theodor, geb. 30.12.1819 in Neuruppin, gest. 20.09.1898 in Berlin, Schriftsteller und approbierter Apotheker. Werke u. a. Effi Briest, Der Stechlin, Irrungen und Wirrungen. – Fontane gilt als der bedeutendste deutsche Vertreter des „Poetischen Realismus".

Goethe, Johann Wolfgang v., geb. 28.08.1749 in Frankfurt a. M., gest. 22.03.1832 in Weimar. Abschluss Jurastudium, Minister (Geheimer Legationsrat) am Hof von Weimar. Werke (eine „klitzekleine" Auswahl): Die Leiden des jungen Werther; Faust. Eine Tragödie; Faust. Der Tragödie zweiter Teil, Wahlverwandtschaften; Dichtung und Wahrheit (Autobiographie). Zusammen mit F. Schiller bedeutendster Vertreter des „Sturm und Drang" und der „Weimarer Klassik".

Schiller, Johann Christoph Friedrich v., geb. 10.11.1759 in Marbach a. N., gest. 09.05.1805 in Weimar. Militärarzt, (unbezahlter) Geschichtsprofessor in Jena, Dichter, Schriftsteller. Werke u. v. a.: Die Räuber; Kabale und Liebe; Wallenstein; Maria Stuart; Die Jungfrau von Orléans; Wilhelm Tell. Zusammen mit J. W. v. Goethe bedeutendster Vertreter des „Sturm und Drang" und der „Weimarer Klassik". (Forts. n. S.)

„Das Lied von der Glocke" verfasste Friedrich Schiller gegen Ende der Französischen Revolution im Jahr 1799 im Alter von vierzig Jahren, wenige Jahre vor seinem Tod (1805). Angesichts der Wirren und Bedrohungen jener Zeit, die sich auch im „Lied von der Glocke" angedeutet finden, war es fast unvermeidlich, dass die Zeitgenossen Schillers aus ihrem gewohnten Rhythmus gerissen waren, was „Das Lied von der Glocke" in seinem „Rhythmus" herrlich widerspiegelt. – Auch insoweit ist nachvollziehbar, dass dieses Gedicht lange Zeit „zum Kanon der deutschen Literatur" (Wikipedia) und damit zum oft und gern genutzten „Folterinstrumentarium" ganzer Lehrergenerationen gehörte. – „Ist ‚die Glocke' schwer? – Ja, ein wenig! Sehr!"

Storm, Theodor, geb. 14.09.1817 in Husum, gest. 04.07.1888 in Hanerau-Hademarschen. Rechtsanwalt. Werke: Gedichte, Märchen, Novellen. Vertreter des „Poetischen Realismus".

Uhland, Ludwig, geb. 26.04.1787 in Tübingen und dort gest. 13.11.1862. Politiker, Jurist, Literaturwissenschaftler. Werke: Der Wirtin Töchterlein; Freie Kunst; Des Sängers Fluch; Das Schloss am Meere u. v. m.

Walther von der Vogelweide, geb. um 1170, gest. um 1230, gilt als bedeutendster Dichter und Sänger des Mittelalters. Werke: Minnesang, politische Dichtung.

Quellennachweis:
Alle obigen Angaben aus: de.wikipedia.org/wiki/, Dezember 2012 / Februar 2014

Und damit grüßt das Buch zum Schluss:
„Bis nächstes Mal!" – mit Musenkuss!